この本を読むみなさんへ

監修　九里徳泰

　この本を手にとったあなたは、「サステナブルな社会」ということばを聞いたことがあり、くわしく知りたいと思ったのかもしれません。あるいは「サステナブルな社会」なんて聞いたことがないけれど、何のことだろうと気になって手にとったのかもしれませんね。

　「サステナブルな社会」とは、みんながこれからもずっと幸せにくらしていける社会です。でも、残念ながら、地球にくらす人々が今までのようにくらしていては、「サステナブルな社会」は実現できないだろうと予想されています。今、この地球では、わたしたち人間の活動のためにさまざまなこまった問題が起こっているのです。そこで、「サステナブルな社会」を実現するための目標として、国連から「SDGs」がよびかけられています。

　今起こっているこまった問題は、みなさんの身近なところにも、遠い国々にもあります。まず、それらの問題に目を向け、なぜその問題が起こっているのか、問題を解決するにはどうしたらいいのかを、いっしょに考えていきましょう。

　「サステナブルな社会」を実現するには、ひとりひとりが考え、学び、行動することが大切です。この本を読んで、「サステナブルな社会」や「SDGs」のことを知り、自分には何ができるかを考えるきっかけにしてください。

　そして、みんなが幸せにくらせる社会を、いっしょにつくっていきましょう。

※このシリーズは、とくに断りのない限り、2021年1月時点の情報に基づいています。

みんなでつくろう！

サステナブルな社会

未来へつなぐSDGs

① 環境

監修
相模女子大学教授
九里徳泰

小峰書店

もくじ

今、わたしたちの地球で起こっている問題とは…？

　美しい地球で、みんなが平等に、幸せに、平和にくらし続けることができる……。そんな未来にしていきたいですよね。でも、今の地球は、そこからはほど遠い、生き物にとってくらしにくい未来に向かってしまっています。

　どんな問題をかかえているのか、まずは見てみましょう。

このまま何もせずにすごしていると、未来は大変なことになりそうですね。どんな未来にしていきたいのか、いっしょに考えていきましょう。

環境の問題

地球が暑くなる

きれいな水が使えない

川や海がよごれてしまう

社会(くらし)の問題

エネルギーのもとになる資源がなくなる

食料が足りず栄養不足になる

人口が急激に増える

医療が十分ではない

貧しさに苦しむ人々がいる

学校に行けない子どもがいる

男女の権利に差がある

争いが起こっている

まちづくりがうまくいかない

経済の問題

森林が減ってしまう

生き物が減っている

大量のものを消費し、すて、多くのごみが出る

国によって豊かさがちがう

経済成長が止まる

問題を解決し未来へつなぐ SDGs

今世界で起こっている問題をそのままにしていては、近い将来、地球はわたしたちが生きていけない世界になってしまいます。ずっとくらしていける未来をつくるために、めざすゴールとして、SDGs が定められました。

SDGs は「サステナブルな社会」への目標

SDGs とは、「サステナブルな開発目標」という意味です。「サステナブル」とは、「持続可能な」「続けていける」を表します。今起こっている問題から目をそらしては、わたしたちは生きていけなくなるでしょう。これからもずっと、わたしたちが幸せにくらし続けられる「サステナブルな社会」。それをつくるためにめざす目標が、SDGs なのです。

サステナブルではない

木を切ってそのまま　　木を利用できなくなる

サステナブル

木を植えながら利用する　　木を利用し続けられる

だれ一人取り残さない

2015 年、SDGs は、世界の国々が協力するために、国連という組織で決められました。2030 年までに達成する目標とされています。

SDGs を達成していくときに、「だれ一人取り残さない」ことが示されています。これは、すべての人が、水や栄養のある食事が得られ、学校での勉強にこまらないなど、平等にくらせるということです。

SDGs は、すべての国・地域の目標であり、すべての人々のための目標です。また、だれもが取り組まなければならない目標なのです。

みんなが幸せにくらせる社会

みんなが栄養のある食事をとれる

みんながきれいな水を使える

みんなが学校で勉強できる

すべての人が平等

17 のゴールをめざす

「SDGs ＝サステナブルな開発目標」として、17 の具体的な目標があげられています。それぞれの目標は、わかりやすく、アイコンで表されています。17 の目標のそれぞれには、さらに細かい 169 の目標があげられています。

「サステナブルな社会」は、みんながずっと幸せにくらせる社会のことなんだね！

17の目標

あらゆる場所で、あらゆる形態の貧困に終止符を打つ

すべての人に手ごろで信頼でき、持続可能かつ近代的なエネルギーへのアクセスを確保する

気候変動とその影響に立ち向かうため、緊急対策を取る

飢餓に終止符を打ち、食料の安定確保と栄養状態の改善を達成するとともに、持続可能な農業を推進する

すべての人のための持続的、包摂的かつ持続可能な経済成長、生産的な完全雇用およびディーセント・ワーク（働きがいのある人間らしい仕事）を推進する

海洋と海洋資源を持続可能な開発に向けて保全し、持続可能な形で利用する

あらゆる年齢のすべての人々の健康的な生活を確保し、福祉を推進する

強靭なインフラを整備し、包摂的で持続可能な産業化を推進するとともに、技術革新の拡大を図る

陸上生態系の保護、回復および持続可能な利用の推進、森林の持続可能な管理、砂漠化への対処、土地劣化の阻止および逆転、ならびに生物多様性損失の阻止を図る

すべての人に包摂的かつ公平で質の高い教育を提供し、生涯学習の機会を促進する

国内および国家間の格差を是正する

持続可能な開発に向けて平和で包摂的な社会を推進し、すべての人に司法へのアクセスを提供するとともに、あらゆるレベルにおいて効果的で責任ある包摂的な制度を構築する

ジェンダーの平等を達成し、すべての女性と女児のエンパワーメントを図る

都市と人間の居住地を包摂的、安全、強靭かつ持続可能にする

持続可能な開発に向けて実施手段を強化し、グローバル・パートナーシップを活性化する

すべての人に水と衛生へのアクセスと持続可能な管理を確保する

持続可能な消費と生産のパターンを確保する

SDGs
Sustainable（持続可能な）
Development（開発）
Goals（目標）

だれも取り残さない社会ってどんな社会?

だれも取り残さない社会をつくるために、SDGsを環境、社会（くらし）、経済の3つに分けて考えてみましょう。3つの中で、環境が基本になり、その上に社会（くらし）、そして経済が成り立っています。右の図のように積み重なったSDGsを達成することで、サステナブルな社会がつくられます。

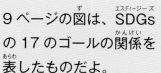

9ページの図は、SDGsの17のゴールの関係を表したものだよ。

3 経済成長を持続しながら環境や社会をよくする

「サステナブルな社会」は、ただお金を得るだけでなく、どうやってお金を得るかを大切に考えて、環境や社会をよくすることをめざしています。そのためには、働きやすさを実現し、差別などをなくすことが必要です。

2 よい社会であることが経済を持続させる

人間は、たがいに支え合ってくらしていくために社会をつくっています。わたしたちが生きている社会には、健康や教育、貧困（貧しさ）などの問題があります。これらの問題が解決されたよい社会が、経済を支えることになります。

1 よい環境をつくることが基本

わたしたちが生きていくためには、気候、水、森林、海などの環境がよくなければいけません。環境が悪くなれば、わたしたちは生きていくことそのものがむずかしくなり、社会をつくることや経済的な活動をすることができません。よい環境を持続させることが、社会や経済を持続させる基本になるのです。

さらに上に「17 パートナーシップで
目標を達成しよう」があるのは、すべて
の人々が手をとり合って力を合わせるこ
とが大切だということを表しています。

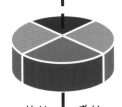

経 済

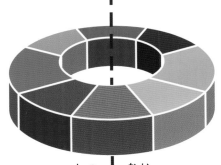

社 会

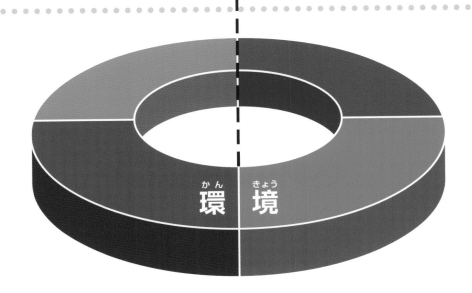

環 境

みんなでつくろう！サステナブルな社会

サステナブルな社会をつくるために

サステナブルな社会をつくるには、今、どんな問題が起こっているか、その原因は何か、問題を解決するにはどうしたらよいかを考え、行動する必要があります。行動するときの目標の1つとして、SDGsを見るとよいでしょう。そして、ひとりひとりが自分たちにもできることを実行していくことが大切です。

よい環境を守り、みんなが平等に認め合う社会をつくり、経済成長を続けていくことで、サステナブルな社会をつくりましょう。

これから、いろいろなテーマについて「サステナブルな社会」を考えていくよ！

1巻では、「環境」にかかわる水、森林、気候、生き物からサステナブルな社会を考えていきましょう。

水から考える サステナブルな社会

わたしたち人間はもちろん、生き物は、水がなければくらしていくことはできません。

ところが現実には、きれいな水を飲んだり、使ったりできずにこまっている人がたくさんいます。

どうすれば世界じゅうの人たちが、いつでも安全な水を使えるようになるのでしょうか？

水にかかわる問題から、サステナブルな社会を考えてみましょう！

だめよ！

アフリカのアンゴラで、水をくみに行く家族。

(Terezia Jurickova/Shutterstock.com)

世界の人々が使う水（2017年）

- 3%
2億600万人
- 6%
4億3500万人
- 2%
1億4400万人
- 19%
14億人
- 71%
53億人

※四捨五入の関係で合計が100％にならない。

- 安全に管理された飲み水を利用できる
- 基本的な飲み水を利用できる
- 限定的な飲み水を利用している
- 改善されていない水源を利用している
- 地表水（池や川の水）を利用している

（ユニセフ）

日本では、水道のじゃ口をひねれば、いくらでも安全な水が出てくるね。

でも、世界には、遠くまで水をくみに行かなければならない人々もいるんだよ。

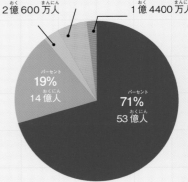

11

水のさまざまな問題

安全な水を使えない

世界には、水道や井戸などの設備がなく、安全な水を使えない地域がたくさんあります。国に水道を整備するお金や技術がないことが理由の1つです。

よごれた水を飲むことで、病気になり命を落とすことがあります。また、遠くの川まで水をくみに行き、よごれた水でも利用しなければならない人々もいます。毎日、何時間もかけて水くみをする必要があり、学校に行かずに水くみを手伝う子どももいるのです。

水が足りない

水は、地球全体でぐるぐる回る、じゅんかんをしています（→14ページ）。気候変動により、水のじゅんかんがうまくいかず、水が不足する地域があります。そのような場所では、手洗いや料理など、生活に必要な水が使えません。また、農業のための水がいきわたらないと、農作物がつくれず食料が足りなくなります。

衛生的なトイレを使えない

　十分な量の水がなく、衛生的なトイレを使えない人々もたくさんいます。屋外で用をたすことで不衛生になり、感染症などが広まってしまうこともあります。トイレのために外に行くことで、女性が危険な目にあうこともあります。

　また、学校でトイレが使えないために、子どもが学校に行けないこともあります。

アフリカのカメルーンの屋外トイレ。　　（PIXTA）

川や湖、海がよごれると、魚や鳥などが
すめなくなってしまうことがある。　　（PIXTA）

川や海がよごれる

　日本の多くの地域では、台所やトイレなどから出た水を下水処理場できれいにしてから、川や海に流しています。下水処理場がなく、きたない水をそのまま流してしまうと、川や湖、海がよごれてしまいます。川や海などがよごれると、生き物がくらしにくくなり、水産業などにもえいきょうします。また、よごれた水を生活の中で使わなければならないことにもなります。

ほかにもどんな問題があるか
考えてみましょう。

バーチャルウォーターって何？

　農作物や家畜を育てるときにはたくさんの水が使われます。海外で大量の水でつくった農作物や肉を輸入している日本は、海外で使える水を減らしているとも考えられます。輸入している食料を生産するのに必要な水を、バーチャルウォーター（仮想水）と言います。世界の水問題を考えるとき、バーチャルウォーターについても考えるとよいでしょう。

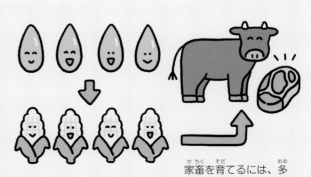

農作物を育てるのに水が必要。　　家畜を育てるには、多
　　　　　　　　　　　　　　　くのえさ（水）が必要。

水問題を解決するには？

水のじゅんかんがうまくいくようにする

地球全体に
関係すること
なんだよ。

水蒸気

雨

雪

ダム

川の水をためて、下流に流れる量を調節する。

浄水場

川などの水をきれいにする。

使った水をきれいにする。

下水処理場

地下水

地球上の水は、海などで蒸発して雲になり、雨になって地上にふり、そして川から海に流れるというじゅんかんをしています。水のじゅんかんがうまくいかないと、水不足になる地域が出たり、水による災害が起こったりします。

みんなが安全な水を使えるようにするには、ダム、水道、下水道などの施設をつくり、水のじゅんかんがうまくいくようにすることが必要です。
そのために、先進国が、開発途上国にお金や技術の手助けをすることも大切です。

井戸ほりや利用の支援を

日本のJICA（国際協力機構）は、アフリカやアジアの国々で、井戸をほり、安全な水を使えるようにする手助けをしています。施設や設備をつくるだけでなく、現地の人々がそれらをつくるための指導もしています。
また、人々に、安全な水がくらしに大切であることを知ってもらうための教育も行っています。

アフリカのルワンダで、井戸の整備や修理を行うJICA海外協力隊員。

（久野武志 /JICA）

わたしたちにもできることは？

ほかにもできることを話し合ってみよう。

水道整備の取り組みに寄付をする

　開発途上国の人々が、安全な水や衛生的なトイレを使えるように、水道や井戸などの整備に取り組んでいる団体や企業があります。それらの団体や企業に寄付をすることで、水道などの設備をつくることができるようになります。

よごれた水を流さない

　台所などからのよごれた水をそのまま流すと、川や海をよごす原因になります。できるだけよごれた水を流さないようにしましょう。使った皿は紙などでふいてから洗うことや、油などを直接流さないよう心がけましょう。洗たくの洗剤やシャンプーなどは適量を使いましょう。

水を大切に使う

　地球全体で考えると、水は貴重な資源です。歯みがき、洗顔、入浴、調理など、毎日の生活で、水を大切に使うようにしましょう。水を節約することが、資源を守ることになります。

バーチャルウォーターについて考える

　農作物や食肉を輸入することが、海外の水を大量に輸入していることになるバーチャルウォーター（→13ページ）について、よく考えてみましょう。輸入した食べ物をむだにすることは、大量の水をむだにしていることにもなるのです。

学校での学習でも考えよう

社会

水道の水はどのように家にとどくのかな（4年：飲料水の安全）。きれいな水が使えない国はどの地域に多いのかな（6年：世界と日本の役割）。

理科

雨はどのようにふるのかな（5年：天気の変化）。川や海にはどんなはたらきがあるのかな（5年：流れる水の働き）。

家庭科

日本では一人1日あたり、どれくらいの量の水を使うのかな（5年・6年：消費生活・環境）。

みんなでめざすサステナブルな社会

現状 地球の水のうち利用できるのは0.01％。

未来 井戸や水道から出る安全な水をみんなで分け合う。

（世界気象機関）

**現状** 1年間に世界で約30万人の子どもが、水を主な原因とするげりで亡くなる。

未来 水のせいで亡くなる子どもがいなくなる。

（ユニセフ）

現状 世界の約2億600万人の人が、30分以上かけて水くみをする。

未来 子どもが水くみをする必要がなくなり、学校にも行ける。

（ユニセフ）

現状 世界の約22億人の人は、安全に管理された飲み水を使えない。

未来 みんなが安心して水を飲める。

（ユニセフ）

現状 世界の約42億人の人は、安全に管理されたトイレを使えない。

未来 みんなが安全に管理されたトイレを使える。

（ユニセフ）

現状 世界の年間水使用量の約70％が、農業用水に使われる。

未来 水が不足する地域がなくなる。

（世界気象機関）

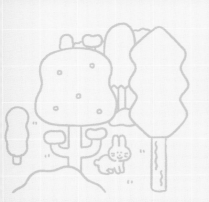

森林から考えるサステナブルな社会

森林には、たくさんの生き物がくらしています。また、わたしたち人間は、木を材料にして、住まいだけでなくさまざまなものをつくっています。さらに開発のために森林を切り開くこともあり、世界では、森林が減っています。

木材や紙を使いながら、森林を守ることはできないのでしょうか。

森林のことから、サステナブルな社会を考えてみましょう。

伐採された森林のようす（ブラジル）。

(Frontpage/Shutterstock.com)

世界で1週間になくなる天然林（2015年以降）

約2000km²

(PIXTA)

1週間で東京都と同じくらいの面積の森林が失われている

東京都の面積 2194km²

(WWF)

木材や紙など、いろんなものが木からつくられるんだね。

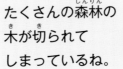

たくさんの森林の木が切られてしまっているね。

森林のさまざまな問題

野生の動物が減ってしまう

世界の陸地全体の、約30％が森林です。森林には、動物をはじめ、地球上の生き物の半分以上がくらしていると言われています。森林が失われることで、森林にくらす多くの生き物が絶滅してしまうおそれがあります。森林にすむ生き物は、森林以外の場所にすむ生き物とも「食べる・食べられる」の関係にあるため、さらに多くの生き物が減ってしまう心配があります。

(PIXTA)

人間のくらしにえいきょうが出る

わたしたち人間は、森林から木を切り出して木材として利用したり、木から紙をつくったりしています。さらに、森林からは、薬用植物など、さまざまな薬のもとになるものを得ることができます。森林が失われると、こうした資源が手に入らなくなってしまいます。

また、生きていくために必要な住まいや食料、燃料などを森林にたよってくらしている人が、約2億5000万人いると言われています。森林がなくなると、生活が成り立たなくなる人もいるのです。

森林の木を切って、木材として利用する。 (PIXTA)

災害が増え、さばく化も

森林には、雨水をたくわえる役割があります。大雨がふっても一気に川に水が流れこまないようにしたり、雨がふらない時期に川が干上がることを防いだりするはたらきがあるのです。森林がなくなると、こう水や土砂くずれが起こりやすくなります。また、森林がなくなり、土の水分や栄養分が失われると、作物の育たないあれ地になり、さばく化が進むことにもつながります。

(Alamy / PPS 通信社)

森林がなくなると、こう水や土砂くずれが起こりやすくなる。

森林には、多くの生き物がくらしているが、オランウータンのように絶滅のおそれがあるものもいる。

気候が変わってしまう

植物には、空気中の二酸化炭素（CO_2）をきゅうしゅうして栄養分をつくり、酸素を出すはたらきがあります。森林の木は、二酸化炭素をきゅうしゅうしてたくわえているのです。

森林が減って、空気中の二酸化炭素の量が増えると、地球の気温が高くなる温暖化を引き起こし、気候が変わってしまうことになります。気候が変わることによって、さまざまな問題が起こります（→ 24 ～ 25 ページ）。

感染症が広がってしまう

森林でくらす動物たちは、体の中に感染症のもとになる細菌やウイルスをもっていることがあります。森林が失われることで、それまで森林にすんでいた動物たちが人のくらす地域に現れるようになり、家畜と接触する機会が増えます。すると、細菌やウイルスが家畜にうつり、さらに家畜から人にうつって感染症が広がるおそれがあります。

失われる森林

全世界で 2010 年から 2020 年の間に減った森林の面積は、1 年あたり約 470 万 ha、日本の国の面積の 12 ％にあたります。

その原因には、木材を切り出すための伐採や、農地や住宅地などをつくるための開発、森林を焼いて残った草木を肥料として農作物をつくる焼き畑農業、火災などがあげられます。

森林を切り開いてつくられた農園。　　(PIXTA)

森林の問題を解決するには？

森林を利用し続けられるしくみをつくる

森林は、植林し、枝がしげりすぎたら切るなど、適切に管理することで増やしていくことができます。森林の木を、木材や紙などのもとになる資源として活用しながら、一方では木が減らないように計画的に植林を進めれば、資源を利用し続けることができます。

森林を利用し続けられるようにするには、その地域にくらす人々が森林の管理に参加し、森林から得られるさまざまな利益を受けられるようにすることも大切です。こうした方法によって、地域の経済が活発になり、住民が森林の大切さを知ることにもつながります。

日本の保護林の１つである北海道の知床。 (PIXTA)

森林を守る

いったん森林が失われてしまうと、もとにもどすことは簡単なことではありません。貴重な資源を残すために、各国が法律などで森林を守るように決めたり、森林を保護する活動を進めたりしています。日本でも森林法などの法律が決められているほか、環境省や地方公共団体などが、森林を守るための事業を行っています。

また、法律にいはんして森林の木を切ることのないよう取りしまる必要があります。

森林火災を防ぐ

近年、地球温暖化のえいきょうで、雨が減って、乾燥が進むことによる、森林火災が増えていると言われています。

人工衛星を使って、土地がどれくらい乾燥しているかを観測したり、火災を早めに発見して被害を最小限におさえこむ対策がとられています。

森林の火災。 (PIXTA)

日本の気候変動観測衛星「しきさい」がとらえた森林火災のけむり。 (JAXA)

わたしたちにもできることは？

ほかにもできることを話し合ってみよう。

木からできるものをむだにしない

　紙コップなど、使いすてのものをできるだけ使わない、ノートやコピー用紙をむだにしないなど、木からできるものを大切にしましょう。また、商品を買うときに、包装が簡単なものを選び、紙ぶくろも断るとよいでしょう。

「FSC® トレードマーク」を目印に

　計画的に植林されているなど、適切に管理された森林から得られる木材を使った商品には、「FSCトレードマーク」がついています。このマークを目印に商品を選ぶとよいでしょう。

（FSC ジャパン）

FSC ラベルのあるけん玉。

FSC トレードマークのあるノート。

紙のリサイクルをする

　読まなくなった雑誌や新聞紙などは、古紙としてリサイクルすれば、段ボールやトイレットペーパーなどにつくりかえてもう一度使うことができます。古紙は燃えるごみとしてすててしまうのではなく、回収に出しましょう。

植林活動などに参加する

　植林や草かりなど、森林を育て、利用し続けられるようにする活動が、自治体や企業などを中心に行われています。こうした活動にはボランティアとして自由に参加できるものもあります。

（PIXTA）

ボランティアの人々による植林活動。

学校での学習でも考えよう

日本の天然林と森林面積の割合はどれくらいかな。また、森林にはどんな役割があるのかな。（小5：自然環境と国民生活）

植物にはどんなはたらきがあるのかな。（小6：生物と環境）
人間は植物をどのように利用しているのかな。（小6：生物と環境）

紙はどのようにリサイクルされるのかな。（小5・6：消費生活・環境）

現状 約2億5000万人の人が、住まいの材料や食料を森林から直接得ている。

未来 森林とともに生きていける。

（WWF）

現状 世界の人工林と保護されている天然林は25％。

未来 人が切る木の量を管理することによって森林が守られる。

（FRA2020）

現状 世界の森林のうち、原生林は約27％である。

未来 豊かな森林が自然のまま守られる。

（FRA2020）

現状 世界で毎年8万km²の天然林が失われる。

未来 利用と植林を同時に行うことで、森林が持続できる。

（FRA2020）

現状 世界の約1980万haの森林が毎年火災で被害を受ける。

未来 森林で起こる火災をすぐに消し止めることができる。

（FRA2020）

現状 日本の木材自給率は約38％である。

未来 国産の木材の利用が増える。

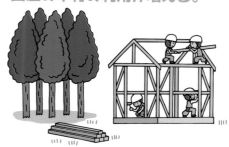

（林野庁）

※「天然林」は、主に自然の力でできた森林。「原生林」は、過去に伐採されたことがなく、一度も人手が加えられたことのない森林。

気候から考えるサステナブルな社会

地球の気温が高くなっていると言われています。日本でも、夏にとても暑くなる日が増え、冬もあたたかくなっています。

地球の気温が上がることを「地球温暖化」といい、さまざまな問題が起こると予想されています。

地球の気候が変わるとどんなことが起こるのか、また、温暖化をおさえるにはどうしたらよいかを考えてみましょう。

〈FloridaStock/Shutterstock.com〉

ホッキョクグマがくらす北極海では、氷の面積が減っている。

日本の最高気温ベスト10（2020年まで）

順位	地点	気温（℃）	年月日
1	浜松（静岡）	41.1	2020/8/17
1	熊谷（埼玉）	41.1	2018/7/23
3	美濃（岐阜）	41.0	2018/8/8
3	金山（岐阜）	41.0	2018/8/6
3	江川崎（高知）	41.0	2013/8/12
6	天竜（静岡）	40.9	2020/8/16
6	多治見（岐阜）	40.9	2007/8/16
8	中条（新潟）	40.8	2018/8/23
8	青梅（東京）	40.8	2018/7/23
8	山形（山形）	40.8	1933/7/25

40℃をこえる暑さになる日が増えたよね。

動物が、同じ場所にすめなくなることがあるみたい。

10例のうち9例が、21世紀になってから観測されている。

（気象庁）

☀ 気候のさまざまな問題

生き物がすめなくなる

地球温暖化が進むと、気候など地球の環境が変わってしまいます。生き物は、すむ場所の環境に合ったくらしをしているため、急に環境が変わると、生きていけなくなってしまいます。

気候の変化によって育つ植物の種類が変わることで、動物がすめなくなることもあります。海では、海水の温度が上がってサンゴなどが死んでしまうこともあります。

(PIXTA)

せまい地域に、短時間に大量の雨がふると、川の水が一気に増え、はんらんする被害が起こる。

(PIXTA)

異常気象が増えている

日本でも、21世紀に入って、夏に40℃をこす日が多くなりました。また、せまい地域で短い時間にたくさんの雨がふるゲリラ豪雨や、大型で強い台風の上陸により、こう水などの災害にみまわれることが増えています。いっぽう、海外では雨のふらない日が続き、農作物に必要な水が不足するかんばつが多く起こっています。

このような気象現象は異常気象とよばれ、地球温暖化が原因だと考えられています。

農作物のしゅうかく量が減る

雨がふらない日が続き、かんばつなどが起こると、作物の育ちが悪くなります。そのため、農作物のしゅうかく量が減ってしまいます。農業を仕事にしている人は、収入が減ります。また、農作物が少なくなることで、十分に食べ物を得られなくなり、病気や栄養不足になる人が増えることも考えられます。

長い間雨がふらないと、農作物に必要な水が不足し、作物がかれてしまう。

(Jasper Suijten/Shutterstock.com)

海水温が上がり、サンゴが
弱って白くなっている。

海水面が上がると、陸地だった
ところが海水にしずんでしまう。

（FloridaStock/Shutterstock.com）

感染症が起こる範囲が広がる

感染症の中には、熱帯地方だけにすむ蚊などの生き物が原因で、動物や人にうつるものがあります。
地球温暖化によって、これらの生き物のすむ地域が広がると、熱帯地方だけで起こっていた感染症が、より広い範囲で起こるようになると考えられます。

海水面が上がり土地が水にしずむ

地球温暖化によって南極などの陸地の氷がとけ、海水面が上がっています。海水面は、2010年までの110年間で19cm上がり、このまま温暖化が続けば、21世紀のうちに最大で82cmも上がると予測されています。海水面が上がると、低い土地に人や陸上の生き物がすめなくなるほか、田畑などに海水が入りこむことで農作物がとれなくなります。

気温が上がるのは人間の活動が原因

ものを燃やすと二酸化炭素が発生します。二酸化炭素には、地球から宇宙ににげる熱を保つはたらきがあるため、地球温暖化の原因の1つになります。18世紀ごろから現在まで、人間は、石炭や石油などの燃料を燃やし、工業をさかんにしてきました。今も工場や発電所、自動車などからは、毎日大量の二酸化炭素が出ています。このまま二酸化炭素を出し続けると、ますます温暖化が進んでしまいます。

（PIXTA）

工場や発電所などで燃料を燃やすと、二酸化炭素が発生する。

25

☀ 気候の問題を解決するには？

地球温暖化をおさえるための国際会議。

(Avalon / Cynet Photo)

世界の国々が協力

　地球温暖化は地上でくらすあらゆる人々に関係する問題です。SDGsの「17 パートナーシップで目標を達成しよう」のように、解決には世界の国々の協力が欠かせません。

　地球温暖化が心配されるようになった1980年代から、二酸化炭素を出す量を減らすための国際会議が開かれています。会議では、各国の減らす量やルールなどの取り決めを行っています。

　また、各国で二酸化炭素を出す量をおさえるための法律をつくっています。日本では地球温暖化対策推進法のほか、2018年に気候変動適応法がつくられ、国や地方公共団体、企業、国民の役割が定められました。

自然エネルギーの利用を増やす

　わたしたちは、石炭や石油などを燃やすことでエネルギーを生み出しています。発電や自動車・飛行機を動かすときにも石炭や石油などが使われています。これらのエネルギーを自然から得られるものに変えていけば、二酸化炭素が出る量を減らせます。

　水力・太陽光・風力・バイオマス発電が注目されています。また、電気自動車や水素を燃料とする燃料電池車、ガソリンと電池を組み合わせたハイブリッド車なども増えています。

太陽光発電と風力発電の設備。

(PIXTA)

異常気象への備え

　ゲリラ豪雨などのはげしい異常気象が増えていることから、被害を少なくするための対策がとられています。ダムをつくって一気に水が流れないようにしたり、増水に備えて川の堤防を高くしたりしています。また、都市部では、ゲリラ豪雨で急に大量の雨がふったときのために、雨水を地下に一時的にためておく施設をつくっているところもあります。

地下に雨水を一時的にためておく施設。

(東京都下水道局)

わたしたちにもできることは？

ほかにもできることを話し合ってみよう。

省エネルギーを心がける

電気などのエネルギーをむだづかいしないこと（省エネルギー）で、二酸化炭素の出る量を減らせます。夏の冷房や冬の暖房をおさえること、照明やテレビなどをこまめに消すことなどを心がけましょう。

電車や自転車を使う

ガソリン自動車からは二酸化炭素が出ています。外出するときは、自動車ではなく、なるべく電車を利用するようにしましょう。自転車や徒歩で出かければ、二酸化炭素の出る量を減らせるとともに、健康にもよい効果が期待できます。

自転車を運転しても二酸化炭素は出ない。

(PIXTA)

何度もくり返し使う

ポリぶくろや包装紙などをつくるのに電気などのエネルギーが使われています。そのエネルギーをつくるときに二酸化炭素を出しています。買い物のときはマイバッグを利用するなどして、何度もくり返し使いましょう。

省エネの製品を選ぶ

電気製品を買うときは、省エネタイプのものを選びましょう。電気製品には、省エネの性能を表示するよう、法律で決められており、どれくらいの省エネ性能をもつかを示すラベルがはってあるので参考にしましょう。

[統一省エネラベル]

法律で定まった目標基準に達していれば緑、達していなければオレンジ色。

[省エネルギーラベル]

（「省エネ型製品情報サイト」（経済産業省資源エネルギー庁）(http://seihinjyoho.go.jp/)を加工して作成。）

学校での学習でも考えよう

社会

電気はどこでつくられて、どのように送られてくるのかな。（小4：電気の供給）
災害を防ぐためにどんなことが行われているのかな。（小5：自然災害）

理科

天気が変わるのはなぜかな。（小5：天気の変化）
水のはたらきで土地のようすはどのように変わるのかな。（小5：流れる水の働きと土地の変化）

家庭科

省エネルギーや節水にはどんなくふうがあるのかな。（小5・6：環境に配慮した生活）

みんなでめざすサステナブルな社会

現状 約100年で日本の平均気温が1.15℃上がっている。

未来 地球温暖化が止まる。

（気象庁）

現状 北極海の氷の面積が毎年3.5〜4.1％減っている。

未来 北極海の氷が減らなくなって、生き物が今までどおりくらしている。

（IPCC5次）

現状 日本の猛暑日（最高気温35℃以上の日）が増えている。

未来 猛暑日が減り、すごしやすくなる。

本日は 32℃

現状 世界ではげしい気象現象が増えている。

未来 大雨が減り、災害による被害も少なくなる。

現状 地球温暖化が進むと、2100年には海面が最大82cm上昇する。

未来 海面上昇が止まる。

（IPCC5次）

現状 感染症が流行する地域が広がっている。

未来 熱帯の生き物が原因で起こる感染症が、世界で流行しにくくなる。

生き物から考える サステナブルな社会

森や海など、さまざまな自然環境の中に、多くの種類の生き物がすんでいます。そして、生き物どうしは、「食べる・食べられる」の関係でつながっています。

しかし、近年、人間の活動のために、生き物たちが急速に減っています。

人間をふくめたすべての生き物たちにとっての「サステナブルな社会」をつくるために、わたしたちはどうしたらよいかを考えてみましょう。

トラはインドや中国などアジアにすむが、各地で数が減っている。　〔PIXTA〕

野山に行くと、動物のすがたを見ることがあるね。

でも、トラなど、さまざまな生き物の数が減っているんだって。

絶滅が心配される日本の動物の割合

ほ乳類 　21%

鳥類 　14%

は虫類 　37%

〔環境省〕

生き物のさまざまな問題

ごみなどが原因で
生き物が死ぬ

　プラスチックは石油からつくられますが、とてもじょうぶで、なかなか分解されません。生き物がすてられたプラスチック製のふくろや容器、ストロー、ペットボトルなどをあやまって食べて、きずついたり、死んでしまったりすることがあります。また、プラスチックが波などでくだかれると、マイクロプラスチックとよばれる小さなつぶ状のものになります。これが海に流れこんで生き物の体にたまると、化学物質が体に取りこまれたり、腸につまって死んだりすることがあります。

（PIXTA）

コーヒー豆を育てているプランテーション
（エチオピア）。

（PIXTA）

開発で生き物の
すめる場所が減る

　野生の生き物は、森林や草原、山地、川、湖、湿原、海など、自然の中でくらしています。人間が、農園や住宅地をつくるために、自然を開発することで、多くの生き物のすみかが失われています。
　とくに熱帯地方では、コーヒー豆やヤシの木、サトウキビなどの農作物を育てるために、プランテーションという大きな農園がつくられ、生き物のすむ場所をうばっています。

野生の生き物の
いのちがうばわれる

　古くから、人間は食料にするために、生き物をとらえてきました。人間が大量に野生の生き物をつかまえることで、数が減り、ほろびてしまったものもたくさんいます。
　また、食料以外にも、毛皮や角、きばなどを手に入れるために多くの野生動物が殺され、その数は減っていきました。

象牙として利用するためにきばを切られたゾウ。

（Alamy / PPS 通信社）

食べ物だと思ってプラスチックごみを口に入れようとするペリカン。

外来種が持ちこまれる

15 陸の豊かさも守ろう

　生き物は、種類ごとにくらしている地域が決まっています。しかし、人間が世界じゅうを行き来するようになったことで、生き物を別の土地に運んで食用にしたり、ペットとして飼ったりするようになりました。このように、ある地域に外から持ちこまれた生き物を、外来種と言います。

　外来種が入ってきたことで、もとの自然環境が変わってしまうことがあります。もともとすんでいた生き物を食べたり、食べ物をうばい合ったりすることで、その地域の生き物たちのバランスがくずれてしまうためです。

(PIXTA)

外来種のカミツキガメ
ペットして飼われていたものがすてられ、川や池の魚などを食べる被害が起こっている。

(PIXTA)

外来種のアライグマ
作物を食べたり、家の屋根裏にすみついたりする。

「食べる・食べられる」の例

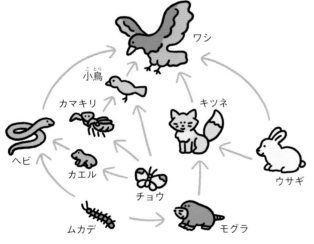

ワシ　小鳥　カマキリ　ヘビ　カエル　ムカデ　チョウ　モグラ　キツネ　ウサギ

気候が変わって絶滅へ

13 気候変動に具体的な対策を

　地球温暖化によって、生き物がくらしていた地域の気候が変わり、数が減ったり、絶滅したりすることも考えられます（24ページ）。生き物は、「食べる・食べられる」の関係でつながっているので、ある種類の生き物の数が減れば、それと関係する生き物にもえいきょうがおよびます。

　海や川、湖などの生き物も、水温が上がることで死んでしまったり、低温の場所にすんでいた生き物のすむ場所がせまくなったりします。

大切な生物多様性

　さまざまな環境にいろいろな種類の生き物がくらしていることを「生物多様性」と言います。すべての生き物は、たがいにつながり合っており、地球全体で見れば、すべての生き物がつながっているとも言えます。

　わたしたちは、生物多様性の中から、必要なものを食料や薬として利用してきました。生物多様性をそこなうことは、わたしたちのくらしをそこなうことにつながります。

湿地帯であるひがたには、水鳥や魚、カニ、貝などの多様な生き物がくらす。

サンゴしょうには、魚、エビ、イカ、イソギンチャクなどの生き物がくらす。

(PIXTA)

生き物の問題を解決するには？

生き物にえいきょうを あたえない開発を

　わたしたちは、生きていくために海などでくらす魚介類を食べたり、森林の木を伐採したりしています。また農園などの開発のため、自然を切り開いたりします。ただし、こうした活動が生き物に大きなえいきょうをあたえないように、十分注意する必要があります。

　漁業では魚のとりすぎをおさえ、養殖に力を入れたり、木材の利用では、森林の成長を考えたサステナブルなくふうが必要です。自然を開発するときは、どこにどんな生き物がいるかをしっかり調べ、できるだけえいきょうがないよう計画しなければなりません。

（PIXTA）

アフリカの野生動物保護区。草原にくらすバッファローなどの動物を保護する。

生き物を保護する 地区を設ける

　生き物が人間の生活や開発などのえいきょうを受けないように、生き物のくらしを守るための保護区が設けられています。豊かな自然を残すために、どこを保護区にすればよいかは専門家などがよく調査して決めています。

　ジャイアントパンダなど、数が減っている生き物については、くらしている地域に人が入れないようにするといった方法もとられています。

動物の取り引きを取りしまる

　古くから、動物たちはペットとして、または衣服やそうしょく品の材料として取り引きされてきました。それによって数が減ってしまった動物も少なくありません。現在は、多くの動物の取り引きが国際的な取り決めで禁止されています。また、生き物の国外への持ち出しや国内への持ちこみもきびしく制限されています。取り決めにいはんすることがないよう取りしまったり、ペットとして飼わないようによびかけたりしています。

わたしたちにもできることは？

ほかにもできることを話し合ってみよう。

自然に親しもう

バードウォッチングやハイキングなどで、自然に親しみましょう。自然や生き物のすばらしさを感じることで、自然を大切に守ろうとする気持ちが生まれます。

バードウォッチングで、自然に親しむ。 (PIXTA)

外来種を飼わない

外来種は、ペットとして飼わないようにしましょう。また、池や川、野山などで外来種を見つけたら、都道府県や市町村の役所に知らせましょう。

プラスチックごみを減らす

ストローなど、プラスチックごみは、やがてマイクロプラスチック（→ 30 ページ）になり、生き物をきずつける原因になることがあります。日ごろからプラスチック製品をなるべく使わず、プラスチックごみを減らすようにしましょう。

(PIXTA)

紙ストローを使うことで、プラスチックごみを減らせる。

サステナブルを意識した商品を選ぶ

サステナブルな漁業や養殖によってとられた水産物には、それを示すラベルが表示されています。食品を買うときは、そのような商品を選びましょう。また、動物の毛皮や角などを使った商品はできるだけ買わないようにしましょう。

海のエコラベル
持続可能な漁業で獲られた水産物
MSC認証
www.msc.org/jp

（一般社団法人 MSC ジャパン）

持続可能な漁業ででとられた水産物であることを示す。

責任ある養殖により生産された水産物
asc
認証
ASC-AQUA.ORG

（ASC 水産養殖管理協議会）

環境に大きなえいきょうをあたえない養殖で育てられたことを示す。

学校での学習でも考えよう

社会

日本の水産業は、どのように行われているのかな。（小5：水産業）
世界には、どんな気候や環境があるのかな。（小6：グローバル化する世界）

理科

生き物どうしはどのようにつながっているのかな。（小6：生物と環境）

家庭科

わたしたちは生物をどのように利用しているのかな。（小5・6：衣食住の生活）

みんなでめざすサステナブルな社会

世界の約30％の動物は絶滅の
おそれがある。

生き物がくらしやすい環境が
保たれている。

（WWF）

世界では、プラスチックごみで
年間100万羽もの海鳥が死ぬ。

水鳥たちがきれいな海のもとで
安心してくらせる。

（WWF）

日本国内の外来種は
約2000種にもなる。

外来種が持ちこまれず、
もともとの自然が保たれる。

（環境省）

日本人になじみの深い
ニホンウナギが絶滅危惧種になった。

うなぎを減らすことなく、
おいしく食べ続けられる。

（2020IUCN）

１年間に約1万5000頭のアフリカ
ゾウがみつりょう＊されている。

動物のみつりょうがなくなる。

＊法律をやぶって、生き物をとること。

（WWF）

1600～1900年には1年に絶滅する種は平均
0.25種だったが、1975年以後は4万種になった。

絶滅する生き物の数が少なくなる。

（国立環境研究所）

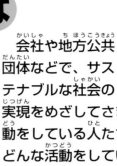

サステナブルな社会の実現に取り組む人々

会社や地方公共団体などで、サステナブルな社会の実現をめざしてさまざまな活動をしている人たちがいます。どんな活動をしているでしょうか。みなさんにもできることがあるかもしれませんね。

会社の取り組み

メタウォーター株式会社

6 安全な水とトイレを世界中に

安全できれいな水を世界へ

メタウォーターは、水道や下水道などの施設・設備をつくり、それを管理する仕事をしている会社です。多くの人に安全できれいな水をとどけたいという思いのもとに、さまざまな事業を手がけています。

よごれた水のよごれを取り除く「セラミック膜ろ過装置」を車に積んで移動できるようにし、アフリカなどのきれいな水が手に入りにくい地域の人々に、きれいな水を提供しています。また、災害現場で、よごれた水をきれいにする「移動式浄水装置」を開発しています。

さらに、子どもたちに水の大切さを知ってもらうために出前授業もしています。

地震や豪雨などで、きれいな水が手に入らないときに活やくする「移動式浄水装置」。

「セラミック膜ろ過装置」を、発電機とともに車に積んで、アフリカやアジアなどで、きれいな水を必要としている地域を回る。

ふだんは、よごれた川の水しか手に入らないので、ろ過された安全できれいな水を見て笑顔になるカンボジアの子どもたち。

6 安全な水とトイレ
を世界中に

すべての人に衛生的なトイレを

住宅設備をあつかう LIXIL は、世界じゅうの人々の豊かで快適な住まいの実現をめざしています。

安全で清潔なトイレが使えない約20億人に向けて、安くて設置が簡単なトイレ「SATO」を研究・開発しています。地域の人たちとつくり、売ることで、持続的に多くの人たちが安心してトイレを使える事業活動をしています。

また、ユニセフなどの国際機関と協力して、衛生教育もしています。

トイレを設置する職人をめざす女性たち（インド）。

住民が、「SATO」のトイレの使い方をしょうかい（ケニア）。

サントリー
ホールディングス
株式会社

6 安全な水とトイレ
を世界中に

15 陸の豊かさも
守ろう

水育
「森と水の学校」

さまざまな飲み物の製造販売をするサントリーは、水や自然のめぐみに支えられているという思いから、「水育」活動をしています。「水育」とは、子どもたちが水や、水をはぐくむ森の大切さに気づき、未来に引きつぐために何ができるかを考えるためのプログラムです。

その1つである、「森と水の学校」は、小学3〜6年生とその保護者を対象に行われる自然体験プログラムです。阿蘇（熊本県）、白州（山梨県）、奥大山（鳥取県）の3か所で、大自然の中で、森の探検や、水にふれる体験をしています。

いろいろな木や葉にふれたり、生き物を探したり、自然の中でさまざまな体験をする。

森の中で美しい水にふれ、水をはぐくむ森や自然の大切さを体感する。

体験を通じて、参加者は水の大切さやその水をつくってくれる森や自然のはたらきを学びます。

14 海の豊かさを守ろう

みんなで海をきれいに

みんなで砂浜に落ちているごみを拾う。

NPO（利益を求めずに活動する団体）の「海の森・山の森事務局」は、海や海岸をきれいにする活動をしています。地元の小学生たちといっしょに海岸のそうじをすることもあります。そうじを通じて、子どもたちは細かいプラスチックが、とてもたくさん落ちていることに気づきます。そして、みんなでプラスチックごみをなくしていくにはどうしたらよいかを考えます。

また、ボランティアのダイバーと協力して、海にしずんでいるごみの回収もしています。

砂をふるいにかけると、細かいプラスチックごみがたくさん出てくる。

ダイバーが、海にしずんでいるプラスチックごみを回収する。

15 陸の豊かさも守ろう

熱帯雨林と生き物を守る

サラヤは、ヤシノミ洗剤をはじめ、衛生・洗剤用品などの製造販売をする会社です。ヤシノミ洗剤の原材料をとるためのアブラヤシは、熱帯の森林を切り開いた土地で育てられています。そこでサラヤは、この問題に目を向け、できることから少しずつ取り組むため、アブラヤシの産地の1つであるボルネオ島（マレーシア領）の環境を守る活動をしています。

活動としては、開発によってとぎれてしまった森林をつなぐことや、きずついた動物を救って森へ返すことなどがあげられます。

わなにかかってきずついたゾウなどを、一時保護する施設をつくっている。

オランウータンなどが、はなれてしまった森を行き来できるようにつり橋をかける。

木を育て、使い、森林をじゅんかん

日本では、海外からの木材の輸入が増え、国内の木の出荷が減ったため、たくさんの森林が、手入れされずにあれてしまいました。住友林業では、木を「伐って、使って、植えて、育てる」というじゅんかんをつくり、適切に管理することで、元気な森林を保っています。また、環境にやさしい木の家を建てるだけでなく、木くずを燃料にして電気をつくる「木質バイオマス発電」にも取り組んでいます。

木くずを燃料とする木質バイオマス発電の設備。木材をむだにしないことも、森林を元気にすることにつながる。

ドローンを使ってなえ木を運び、効率よく植林をする。

すごろくで温暖化ストップ！

地球温暖化を防ぐには、省エネなど、地球にやさしいエコな取り組みが大切です。周南市では、温暖化を防ぐためにどんなことを心がければよいかを考える「エコすごろく」をつくり、貸し出しをしています。楽しく遊びながら、温暖化を防ぐための生活方法がわかると好評です。なお、すごろくのコマは、ペットボトルのキャップを使っているそうです。

小学校4〜6年生向けのエコすごろく。このほかに1〜3年生向けのすごろくもある。

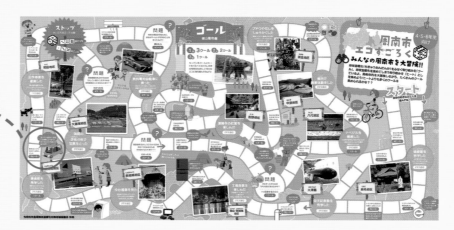

さくいん

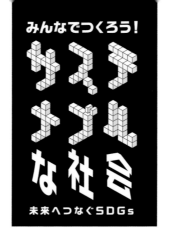

① 環境

監修　九里徳泰（くのり・のりやす）

中央大学商学部経営学科卒、同大学院総合政策研究科修了。博士（工学）。専門はサステナビリティ・マネジメント（持続可能性経営）。富山市政策参与（自然環境・環境経営）。ジャーナリストとして15年間世界80か国を取材後、中央大学助教授、富山県立大学教授を経て相模女子大学学芸学部教授、同大学院MBA社会起業研究科教授。

指導協力	学習院初等科教諭　米井慎一

装幀・デザイン	高橋コウイチ（WF）
本文レイアウト	シードラゴン
企画・編集	山岸都芳・増田秀彰（小峰書店）
編集協力	大悠社
表紙イラスト	間芝勇輔
イラスト	間芝勇輔、川下隆

2021年4月3日　第1刷発行
2024年6月10日　第2刷発行
監修者　九里徳泰
発行者　小峰広一郎
発行所　株式会社 小峰書店
　　　　〒162-0066
　　　　東京都新宿区市谷台町 4-15
　　　　電話　03-3357-3521
　　　　FAX　03-3357-1027
　　　　https://www.komineshoten.co.jp/

印刷　株式会社 三秀舎
製本　株式会社 松岳社

参考文献

●川延昌弘『未来をつくる道具　わたしたちのSDGs』（ナツメ社）
●南博、稲場雅紀『SDGs －危機の時代の羅針盤』（岩波書店）
●佐藤真久・監修『未来の授業　私たちのSDGs探究BOOK』（宣伝会議）
●保本正芳、中西將之、池田靖章『自分ごとからはじめようSDGs探究ワークブック〜旅して学ぶ、サスティナブルな考え方〜』（ワークアカデミー）
●佐藤真久、田代直幸、蟹江憲史『SDGsと環境教育　地球資源制約の視座と持続可能な開発目標のための学び』（学文社）
●蟹江憲史・監修、一般社団法人Think the Earth・編著『未来を変える目標 SDGsアイデアブック』（紀伊國屋書店）
●『SDGsビジネス入門　12兆ドル市場を拓くアイデアと先行事例』（日本ビジネス出版）
●環境省大臣官房環境経済課環境教育推進室『SDGs達成に向けた「持続可能な地域の創り手を育む"学びの場"づくり」ガイドブック（環境省）
●池上彰・監修『世界がぐっと近くなるSDGsとボクらをつなぐ本』（学研プラス）
●秋山宏次郎・監修、バウンド『こどもSDGs　なぜSDGsが必要なのかがわかる本』（カンゼン）

NDC360　39P　29 × 22cm
ISBN978-4-338-34301-5